CRECER ES VIVIR

Explorar el mundo a través del juego y las sensaciones

VERÓNICA HEREDIA

Saralejandría
ediciones

*A todas las personas que me enseñaron
y acompañaron en la aventura de ser madre:
a mi marido, mi hijo y mi madre.*

*Y a ti que has tenido un día duro, créeme que
todo pasa!, te lo enseño en estas páginas
que espero que exprimas y te acompañen
tanto en casa como en el aula.*

INDICE

PRIMERA PARTE

LOS SUSPIROS DE UNA MADRE

Un día te levantas y, de repente, ahí tienes una responsabilidad para toda la vida, alguien a quien no puedes decir ahora sí, ahora no. Renuncias a citas sociales porque sabes que, a esas horas, tu pequeño va a llorar, va a dormir, o no va a estar quieto, renuncias a tu vida laboral y crecimiento personal, porque todo ahora gira alrededor de él.

De la noche a la mañana, te encuentras con alguien a quien ayudar a crecer, y te preguntas a cada instante: ¿lo estaré haciendo bien?, ¿lo estaré haciendo mal?, ¿cuando sea mayor, irá por buen camino? Y cuando vaya al colegio, ¿en su aula, estará bien acompañado?, ¿elegiré bien el centro escolar en el que crecerá? Pues ahí estará más horas que conmigo.

Porque te duele cada respiración que le pueda perjudicar, más que si te lo hicieran a ti. Te gustaría tener una bola mágica para poder evitar cada sufrimiento que él pueda tener, hasta una mínima tos, por la noche, en la oscuridad, te despierta, y piensas: «¿Estará bien?, ¿le sucede algo?»

Cuando mi madre vivía, siempre me decía: «Ten cuidado», y yo repetía «Sí». Simplemente sin saber con el dolor de corazón que se podía quedar ella pensando en cada instante dónde podría estar su hija, si estaría bien, si alguien le haría daño. Hoy en día pienso: «Le tendría que haber dado cada detalle para que no sufriera».

Pues desde el momento que ves el positivo en el predictor, ya estas sufriendo por ese pequeño que crece en tu interior. Vas tachando cada día de tu embarazo para que pase rápido, al mismo tiempo que quieres disfrutarlo, porque sabes que dentro de ti es donde más cuidado y seguro está, donde nadie puede hacerle daño y donde no le puede pasar nada.

Hasta que llega el día del nacimiento, ese día nadie te cuenta el miedo que tienes en el cuerpo, esa inseguridad de saber si todo irá bien, ¿qué sucederá? De repente, te ves en una camilla, tumbada, en plena pandemia y sin nadie a tu lado, solo una desconocida que, en ese momento, es la matrona, a quien miras con miedo sin saber si te cuidará bien o te cuidará mal. Tu vida y la de tu hijo están en sus manos, por lo que te preguntas una y otra vez qué está sucediendo en cada instante, sin respuesta alguna, porque todo es desconocido para ti. No entiendes nada, ni cada paso que realizan ni cada medicación que te dan, solo piensas, asustada y en silencio, sin que nada pueda molestar: «Por favor, ¡que todo vaya bien!»De repente entra el ginecólogo y te dice: «Nos vamos a quirófano», tú solo preguntas con pánico en el cuerpo: «¿Qué sucede? ¿Mi hijo está bien?». Al instante, todo el mundo corre de un sitio a otro en la habitación, tú solo ves pasar las luces del pasillo a gran velocidad, tumbada en la camilla, aterrorizada por las circunstancias. Hasta que llegas a quirófano, donde te ponen en una camilla boca arriba, el anestesista te pone más medicación y te atan los brazos en cruz sin poder moverte ni ver nada, solo oyes hablar entre ellos: «Me gustaría realizar el cordón tardío», y tú chillas: «¡Estoy de acuerdo!», porque nadie te ha preguntado, solo sientes que cortan por dos lados para ir rápidos y, por fin, cuando nace, no lo oyes llorar, y preguntas: «¿Está vivo?», a lo que te responden: «Le ha costado cogerse a la vida». Estás sedada, no puedes ni moverte, solo le ves esa carita que te rompe el alma, pensando: «Por favor, pequeño, ten fuerzas y sobrevive». Se lo llevan corriendo a la incubadora, mientras te cosen y te preguntas: «¿Ahora qué?»

Cuando sales de quirófano, te encuentras a tu pareja, pero no puedes más con todas las emociones y, sin querer, no le cuentas nada. Se hace el silencio con el cruce de miradas, por el sentimiento de tristeza y desconcierto en el que os encontráis, pues estáis solos en un lugar fuera de vuestra zona de confort, sin ningún familiar que pueda pasar, y con vuestro pequeño lejos de vosotros sin que nadie os diga nada. Y, sin poder evitarlo, te duermes porque tu cuerpo no responde ante toda la medicación que te han puesto y al despertar te dicen: «Nos vamos a la habitación, tu hijo está bien y sube contigo», respiras con alivio, y al fin te lo ponen encima; al mismo tiempo, te dan un biberón para dárselo por primera vez, que no sabes ni cómo dárselo, te sientes desconcertada y aparecen las primeras preguntas sin respuesta. Porque, después de 9 meses dentro de ti, ahí está un fruto tuyo y de tu pareja que tiene vida, y a partir de ahora, sin guía alguna, sois sus padres, depende de vosotros para todo... Mientras, tú piensas que ha nacido un hijo, pero también ha nacido un padre y una madre, y te sientes pequeña, muy pequeña, tanto que necesitas que te cojan a ti también y te mezan como a este bebé que acabas de conocer, te den un fuerte abrazo y te digan: «No te preocupes yo estoy aquí para guiarte». Pero, cuando desde dos años y un mes antes, tu madre no está, no tienes a nadie a quien aclamar, te encuentras descubriendo día a día y paso a paso el mundo de la maternidad.

La maternidad, esa incertidumbre continua en la que cada día te levantas con inseguridad de poder hacerlo bien, estar con tu hijo, aten-

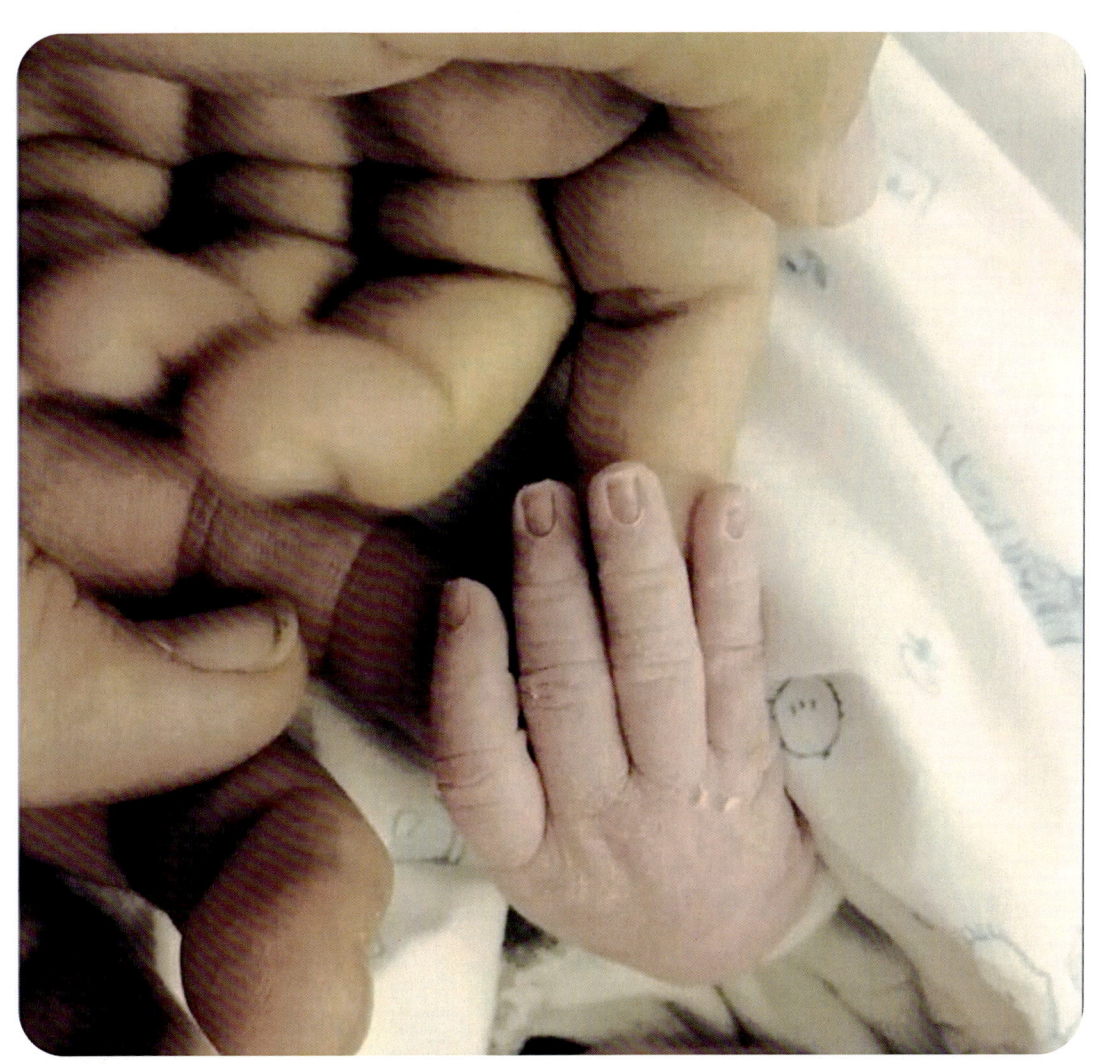

der cada necesidad, cada llanto, cada suspiro, como si fueras una mosca, para poder estar en su oreja cada día.

Día a día te levantas cansada, sin fuerzas, y con un pequeño que atender, del que piensas: «¿Me querrá?, ¿sabe que soy su mamá?» Sin respuesta alguna, porque te sientes sola, sin guía alguna de una madre a la que poder llamar, llorar, abrazar, aclamar, preguntar, suspirar. Solo ves que tu hijo llora y tú te preguntas qué le pasa: "¿Tiene hambre?, ¿tiene sueño?, ¿le duele algo? " Y no tienes respuesta, solo aprendemos por ensayo-error qué es lo que le sucede y lo poco que recuerdas que te ha enseñado tu madre, con el buen recuerdo que tienes de ella, e intentas hacerlo igual de bien.

Pues la sociedad que nos envuelve no ayuda, solo juzga y te dice que tienes que saber qué le sucede, mientras tú sigues sin dormir, ni descansar, intentando cada día mantener con vida a un pequeño que ha nacido desnutrido, casi sin vida, e intentando mantener tu casa limpia y recogida, pues no tienes a nadie que te traiga un tupper de comida.

No ves el final de los días, tiemblas cuando llega la noche, pensando qué pasará. No puedes darte una ducha de agua caliente, tomarte un café… Solo quieres dormir y no puedes, porque cuando él duerme, tú limpias, recoges tu casa, pones lavadoras, etc. Y vuelta a empezar, día tras día, noche tras noche.

Cuando hablas con las personas, piensas que estás loca de los pensamientos que tienes, o piensas con envidia : "qué bien lo llevan y la gran ayuda que tienen". Mientras tú solo tienes a tu marido, al que tienes machacado de tanto discutir porque no llegáis a todo. Estáis cansados, te quieres divor-

ciar día sí y día también, pero por suerte, él te quiere y sabe que es el cansancio, por lo que continúa a tu lado todos los días, luchando por vosotros.

Y así pasa el primer año del nacimiento de tu hijo, por ello tengo que dar gracias a las redes de hoy en día, que me han acompañado en lo sola que me he sentido este primer año.

Pues poco a poco fui descubriendo, por mi vocación como maestra y mi afán de superación de ser mejor madre cada día, actividades para poder ayudar a mi «bichito».

Fui investigando y descubriendo actividades sensoriales de experimentación y manipulación, así como de psicomotricidad fina, que son las que más le motivan y, por suerte, las que más destrezas desarrollan.

LAS ACTIVIDADES SENSORIALES

Ayudan a estimular los sentidos de los niños y les permiten explorar el mundo que les rodea de una manera divertida y educativa. Además, en ellas se puede incluir el uso de diferentes materiales y herramientas para estimular los sentidos, como, por ejemplo, texturas variadas, colores brillantes, sonidos suaves, aromas agradables y sabores nuevos. Al participar en actividades sensoriales, los niños pueden desarrollar sus habilidades cognitivas, motoras y sociales, además de fomentar su creatividad y curiosidad.

LAS ACTIVIDADES DE PSICOMOTRICIDAD FINA

Se centran en el desarrollo de la coordinación y destreza de los movimientos pequeños y precisos de las manos y los dedos, por lo que son actividades fundamentales para el desarrollo de habilidades como escribir, dibujar, abotonar prendas, recortar con tijeras, entre otras tareas cotidianas. Al realizar actividades de psicomotricidad fina, los niños trabajan en la mejora de su control motor fino, la fuerza muscular en las manos y la coordinación mano-ojo.

Estas actividades también pueden ayudar a desarrollar la concentración, la paciencia y la creatividad de los niños.

La maternidad no es un camino fácil, por ello he querido desarrollar más adelante actividades sensoriales con elementos que podemos tener en casa, y así poder crearlas tú también con facilidad en tu hogar o escuela, para tus pequeños.

Podrás encontrar desde crear una base sensorial con chía, creada con colorante alimenticio, agua y maicena, hasta crear una bandeja con gelatina para descubrir con pinzas y así poder trabajar la psicomotricidad fina, al mismo tiempo que desarrollamos la parte sensorial del pequeño.

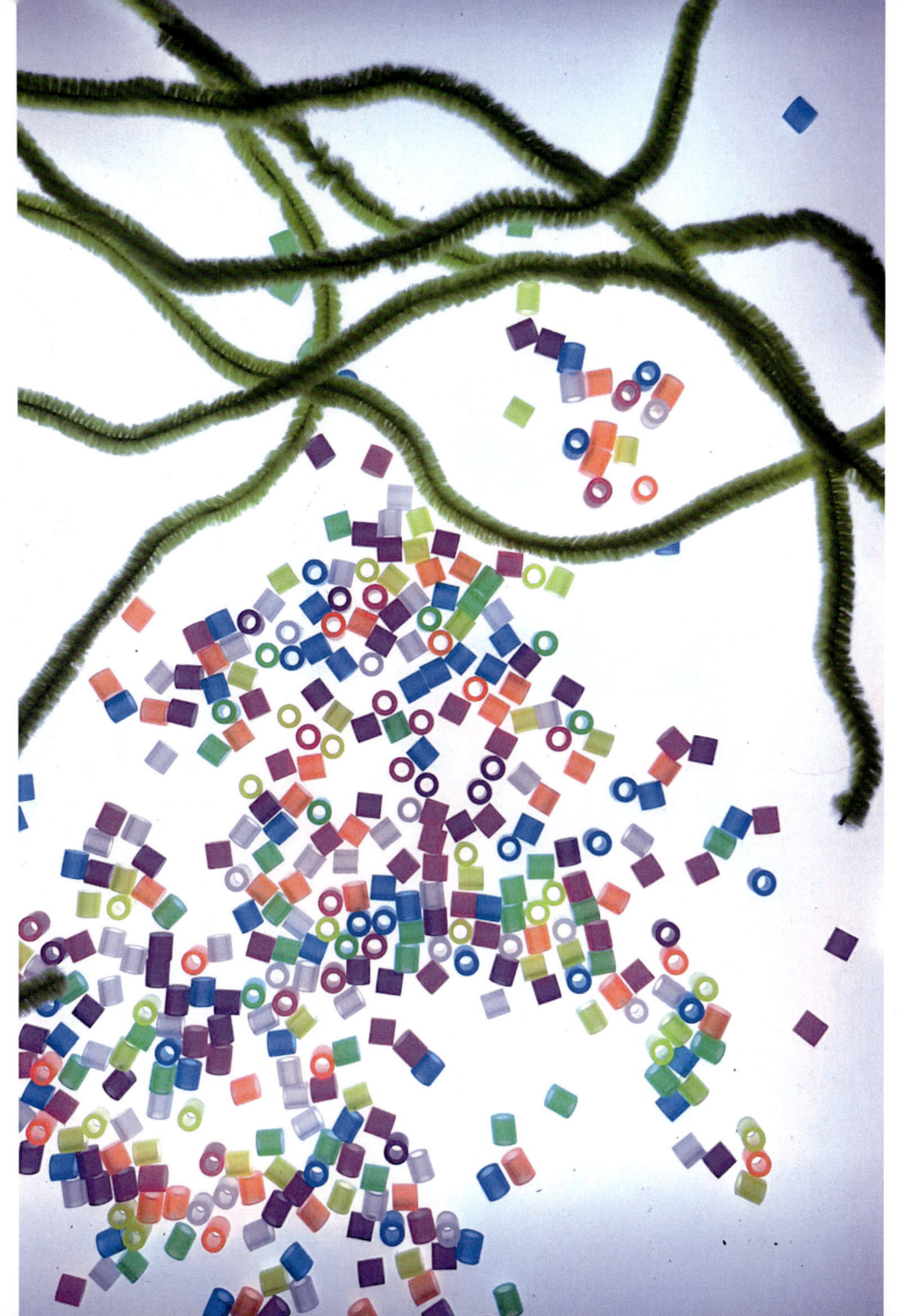

SE TE ARRUGA
EL ALMA

Dentro de las cuatro etapas en que Piaget divide el desarrollo del niño, en este libro trabajaremos la primera etapa, que es la sensoriomotriz.

Me baso en Jean Piaget pues fue un destacado psicólogo suizo, conocido por sus contribuciones en el campo de la psicología del desarrollo infantil, en la cual se dedicó durante gran parte de su carrera a investigar cómo los niños adquieren conocimiento y comprenden el mundo que les rodea. Su enfoque revolucionario se centró en la idea de que los niños construyen activamente su comprensión a través de la interacción con su entorno. Piaget es especialmente reconocido por su teoría del desarrollo cognitivo, que propone que los niños pasan por una serie de etapas distintas en su crecimiento intelectual, cada una de las cuales se caracteriza por patrones de pensamiento únicos y desafíos específicos. Además de sus investigaciones sobre el desarrollo cognitivo, Piaget también realizó importantes contribuciones en áreas como la epistemología y la teoría de la educación. A lo largo de su vida, Jean Piaget publicó numerosos libros y artículos que han tenido un impacto duradero en la psicología y la educación. Su trabajo ha sido fundamental para comprender cómo los niños aprenden, piensan y se desarrollan a lo largo de su infancia, y su legado sigue siendo una influencia significativa en el campo de la psicología del desarrollo.

Las etapas de Piaget se refieren a las diferentes fases del desarrollo cognitivo. Cuatro etapas principales en el desarrollo cognitivo de los niños, que son las siguientes:

I. ETAPA SENSORIOMOTRIZ (0-2 AÑOS):

Durante esta etapa, los bebés experimentan el mundo a través de los sentidos y las acciones físicas. A medida que desarrollan la coordinación entre la percepción sensorial y las habilidades motoras, también comienzan a adquirir la noción de permanencia del objeto (entendimiento de que los objetos existen incluso cuando no están a la vista).

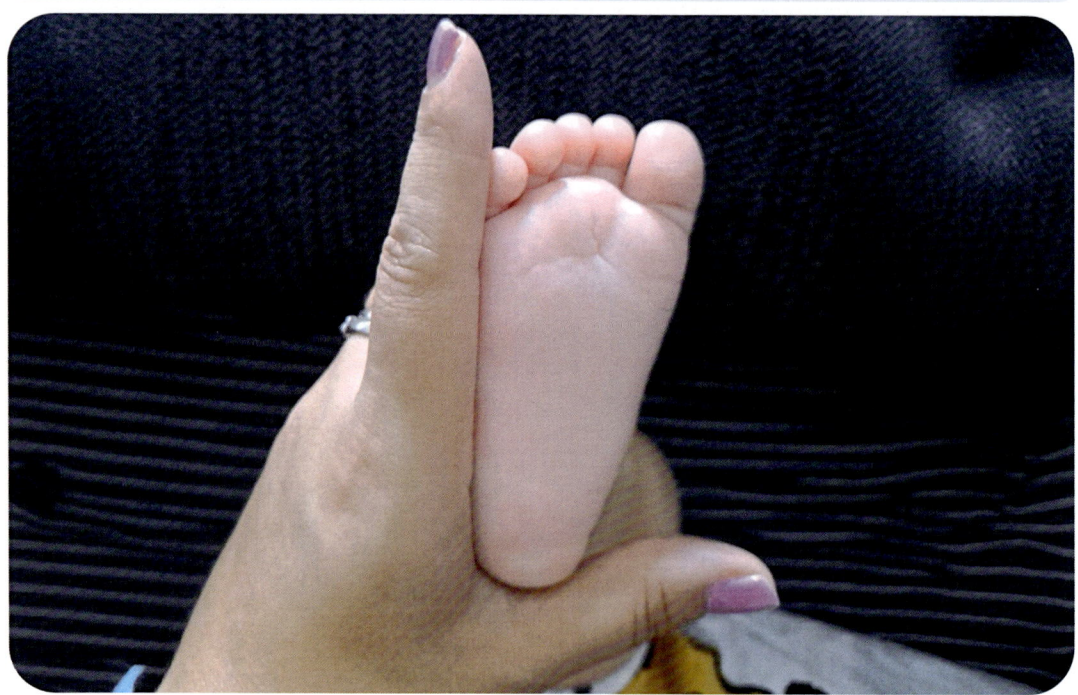

2. ETAPA PREOPERACIONAL (2-7 AÑOS):

En esta etapa, los niños comienzan a utilizar el lenguaje y el juego simbólico para representar objetos y situaciones. Sin embargo, aún no tienen la capacidad de pensar lógicamente o comprender la conservación de cantidades (por ejemplo, comprenden que una cantidad puede mantenerse constante a pesar de cambios en su forma).

3. ETAPA DE LAS OPERACIONES CONCRETAS (7-11 AÑOS):

Durante esta etapa, los niños adquieren la capacidad de razonar de manera más lógica y concreta. Pueden realizar operaciones mentales simples y comprenden conceptos como la conservación y la reversibilidad. Sin embargo, su pensamiento sigue siendo limitado a situaciones concretas y tangibles.

4. ETAPA DE LAS OPERACIONES FORMALES (11 AÑOS EN ADELANTE):

En esta última etapa, los adolescentes y adultos desarrollan la capacidad de pensar de manera abstracta y lógica. Pueden razonar sobre hipótesis, posibilidades y conceptos más abstractos, y aplicar el pensamiento formal a una amplia gama de situaciones.

Estas etapas representan las distintas formas en que los niños van construyendo su conocimiento y comprensión del mundo que les rodea a lo largo de su desarrollo. Cada etapa presenta desafíos cognitivos específicos que deben superar para avanzar hacia un pensamiento más complejo y maduro.

Por todo esto, nosotros nos centraremos en la etapa sensoriomotriz, desarrollando los sentidos y habilidades motoras, con actividades de experimentación a través del mundo que les rodea.

Hay situaciones como el primer día que sale del cole con un mordisco, en las que, como madre, se te arruga el alma, pero ahí sigues investigando, para aprender que necesita comunicarse y la importancia del desarrollo en estas edades.

Las habilidades motrices y sensoriales en un contexto de juego, le facilitan su adaptación al medio y en su cerebro empieza el desarrollo de las conexiones para dar respuesta en la participación de las actividades de la vida diaria.

Además, desarrolla su curiosidad, iniciativa, enfoque y persistencia, donde el órgano receptor sensorial lo convierte en información neuronal, activando el sistema nervioso, dando por respuesta una reacción, con lo que va ayudar a ir desarrollando en su pequeño cerebro.

El desarrollo sensorial que se produce es mediante los 5 sentidos:

Vista, oído, tacto, gusto, olfato. Por lo que, en un segundo plano, está desarrollando las habilidades sociales para interaccionar con otras personas y ayudar a procesar estas situaciones.

Y el desarrollo de la psicomotricidad fina:

Nos ayuda a adaptarnos al mundo que nos rodea. Empujar, meter y sacar objetos de una caja o coger unas pinzas son pequeños gestos con los que estamos ayudando a que desarrolle habilidades para abrir y cerrar un cajón o para poder coger un lápiz en un futuro.

Por ello, te invito a que te quedes y pongas en práctica alguna de las siguientes actividades que desarrollo a continuación, porque las actividades sensoriales suelen ser divertidas y estimulantes, lo que fomenta el juego creativo y la imaginación de los niños. A través del juego sensorial, los niños pueden expresarse, experimentar diferentes roles y situaciones, para desarrollar habilidades sociales.

En resumen, las actividades sensoriales son una parte integral del desarrollo infantil y ofrecen numerosos beneficios que contribuyen al crecimiento integral de los niños. Al proporcionar experiencias sensoriales variadas y enriquecedoras, los adultos pueden apoyar activamente el aprendizaje y la exploración de los más pequeños, fomentando así su desarrollo en todos los aspectos.

SEGUNDA PARTE

EL PRINGUE SIEMPRE ES UN ACIERTO

Dicen que un niño sucio es un niño que ha disfrutado, por lo que, con estas actividades, vamos a trabajar diferentes bases sensoriales y texturas, al mismo tiempo que se mancha y se divierte a través del juego.

El juego es una actividad que se realiza por diversión y entretenimiento, y puede involucrar tanto a individuos como a grupos. Se caracteriza por tener reglas, objetivos y, a menudo, un componente de competencia o colaboración. Los juegos pueden ser físicos, como deportes, o mentales, como juegos de mesa o videojuegos. En este caso, será un juego individual o en grupos, pero sin reglas.

Además de ser una forma de ocio, el juego también tiene un papel importante en el desarrollo humano, ya que fomenta habilidades como la creatividad, la resolución de problemas, la socialización y la coordinación. A través del juego, las personas pueden explorar, aprender y experimentar de manera segura. ¡Es una parte fundamental de la vida y el aprendizaje!

El desarrollo del juego en un niño de 2 años es una etapa fascinante y crucial en su crecimiento. A esta edad, los niños comienzan a explorar el mundo que les rodea a través del juego, lo que les ayuda a desarrollar habilidades físicas, cognitivas y sociales. Aquí hay algunos aspectos clave del juego en esta etapa:

I. JUEGO SIMBÓLICO:

A los 2 años, los niños empiezan a participar en el juego simbólico, donde utilizan objetos para representar otras cosas. Por ejemplo, pueden usar una caja como coche o una muñeca como un bebé. Esto fomenta su imaginación y creatividad.

2. JUEGO PARALELO:

Es común que los niños de esta edad jueguen junto a otros niños, pero no necesariamente interactúan directamente. Este tipo de juego se llama "juego paralelo" y es una forma en que los niños comienzan a socializar y aprender a compartir el espacio y los recursos.

3. DESARROLLO MOTOR:

A través del juego, los niños de 2 años mejoran sus habilidades motoras gruesas (como correr, saltar y trepar) y finas (como apilar bloques o manipular juguetes). Las actividades físicas son esenciales para su desarrollo físico.

4. EXPLORACIÓN SENSORIAL:

Los niños a esta edad disfrutan de actividades que estimulan sus sentidos, como jugar con arena, agua, pintura o masa. Estas experiencias sensoriales son importantes para su desarrollo cognitivo y emocional.

5. INTERACCIÓN CON ADULTOS:

El juego también es una oportunidad para que los adultos se involucren y guíen a los niños. Leer cuentos, cantar canciones o jugar juntos ayuda a fortalecer el vínculo afectivo y a fomentar el aprendizaje.

6. DESARROLLO DEL LENGUAJE:

A medida que juegan, los niños comienzan a usar más palabras y a formar frases simples. El juego les proporciona un contexto para practicar el lenguaje y comunicarse con los demás.

En resumen, el juego en un niño de 2 años es fundamental para su desarrollo integral. A través de estas actividades lúdicas, los niños no solo se divierten, sino que también aprenden y crecen en múltiples aspectos.

En educación, cuando nos referimos a la palabra «pringue», hablamos de sustancias pegajosas, como aceite, harina, maicena, gelatina, etc., ya que nos estamos metiendo en situaciones complicadas y divertidas, realizando diferentes actividades con bases sensoriales.

Una base sensorial se refiere a la información que obtenemos a través de nuestros sentidos: vista, oído, tacto, gusto y olfato. Esta información es fundamental para nuestra percepción del mundo y nos ayuda a interpretar y reaccionar ante diferentes estímulos. Y con nuestras experiencias vividas, afectará a cómo estas experiencias sensoriales influyen en nuestro comportamiento y emociones.

Para niños de 0 a 3 años, es importante elegir juegos que sean seguros y que estimulen su desarrollo. Aquí tienes algunas ideas:

ACTIVIDADES

TIERRA

Materiales:

- Papel de periódico.

- Colorante alimentario.

- Batidora.

Descripción:

Dejar en remojo el papel de periódico toda la noche, al día siguiente ponerle colorante o pintura y batirlo con la batidora o Thermomix hasta que se quede muy pequeño, así tendrás una base sensorial reciclada y lista para jugar.

DIADELATIERRA

CIELO ESTRELLADO

Materiales:

- Gelatina
- Nata
- Estrellas
- Bandeja

Descripción:

En una bandeja, preparamos la gelatina con colorante azul, la dejamos enfriar en la nevera, después ponemos nata montada y estrellas, además de ofrecer utensilios al pequeño para poder jugar y manipular. ¡Y a disfrutar con el pringue!

HUEVOS DE DINOSAURIOS

Materiales:

- 1 vaso de harina
- ¾ de sal
- 1 vaso de arena
- ½ de tierra
- ½ taza de agua

📝 Descripción:

Mezcla los ingredientes, realizar la forma de huevo con la masa y poner los dinosaurios o algún juguete que le guste encontrar al peque.

A continuación, déjalo secar 2 días al sol y dale vueltas de vez en cuando para que seque siempre igual por el mismo sitio. Cuando el peque abra los huevos, se quedará una masa sensorial para jugar y ¡disfrutar mucho!

FANTASMAS

Materiales:

- Espuma de afeitar
- Cartón
- Ojos

 **Descripción:**

En un cartón, ponemos espuma de afeitar con forma de fantasmas y encima le ponemos ojitos.

Opcionalmente, puedes cambiar la espuma de afeitar por nata.

OTOÑO

Materiales:

- Arroz

- Colorante

- Elementos de otoño
  (hojas, palos, piñas, setas, calabazas...)

- Bandeja

 **Descripción:**

Tintamos el arroz con colorantes de colores de otoño, como el marrón, amarillo, y naranja. Luego, los ponemos en la bandeja junto a los elementos de otoño para poder disfrutar y jugar.

MANOS A LA OBRA

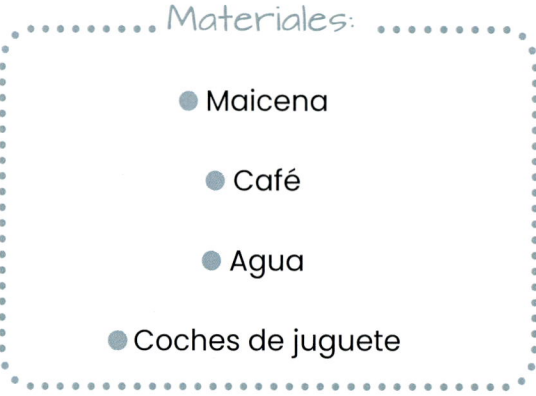

Materiales:

- Maicena
- Café
- Agua
- Coches de juguete

✏️ **Descripción:** |||||||||||||||||||||||||||||||||||||||||||||||||||||||||||

Realizamos la mezcla de maicena, agua y café en una bandeja, después añadimos coches de juguete y dejamos volar la imaginación.

LA GRANJA

Materiales:

- Bandeja
- Animales
- Agua con colorante
- Maíz
- Pasta
- Nata y cacao

Descripción:

Mezclamos la nata y el cacao para ponerla en la bandeja junto a las otras tres bases sensoriales como son el maíz, la pasta y el agua con el colorante azul.

Finalmente, ponemos los animales en cada base correspondiente y ¡a jugar!

EL MAR

Materiales:

- Colorante
- Animales marinos
- Agua
- Sal
- Bandeja

Descripción:

En una cubitera ponemos los animales con agua y ¡al congelador!

Después en una bandeja ponemos agua, colorante azul y sal.

A continuación, ponemos los animales y ofrecemos al peque pipetas o elementos para realizar trasvases ¡Y a jugar!

CHOCOLATE

Materiales:

- Bandeja
- Nata y cacao
- Caramelos y bastones de caramelo
- Figuras en forma de galleta
- Vasos y pajitas rojas

Descripción:

Ponemos en una bandeja un bote de nata y encima espolvoreamos cacao, adornamos con las galletas, los caramelos, vasos y pajitas, y jugamos a hacer chocolate.

BOMBA DE BAÑO

Materiales:

- Bandeja
- Bomba de baño
- Agua
- Flores del campo

Descripción: ||||||||||||||||||||||||||||||||||||||||||||||||||||||||||||||||||||||||||||||||||

En una bandeja ponemos las flores, el agua y una bomba de baño. Le dejamos recipientes y pipetas para jugar, y ¡a disfrutar mucho realizando trasvases y mezclando!

TARDE DE LLUVIA

Materiales:

- Agua
- Jabón
- Colorante

Descripción:

Realizamos la mezcla y, con una batidora o en la Thermomix, batimos mucho hasta crear una espuma.

Después, en una bandeja, puedes poner bolitas de colores ¡El peque pasará la tarde de lluvia súper entretenido!

CORAZÓN EFERVESCENTE

Materiales:

- Bicarbonato
- Colorante Vinagre
- Bandeja
- Plantilla
- Pipetas

Descripción:

Tintamos el bicarbonato con los colorantes, lo ponemos en una bandeja y lo dejamos secar. Después, con una plantilla molde, ponemos más bicarbonato para crear la forma que deseamos y así poder jugar poniendo vinagre con pipetas.

63

ELABORACIONES CON LAS QUE REALIZAR BASES SENSORIALES PARA EL JUEGO:

PLASTILINA

Materiales:

- 1 vaso de acondicionador
- 2 vasos de maicena
- Un poquito de colorante

Descripción:

Mezclamos todos los ingredientes, y saldrá una masa que será plastilina. Además, puedes meterla en la nevera con papel film y te aguantará tiempo.

APROVECHAMOS LAS LEGUMBRES

Materiales:

- Líquido del bote las legumbres

- Colorante

- Batidora

Descripción: ||||||||||||||||||||||||||||||||||||||||||||||||||||||||||||||||||

Cuando cocines legumbres no tires el líquido, puedes poner colorante y batir mucho, se quedará como una pequeña espuma con la que el peque puede experimentar y jugar mucho.

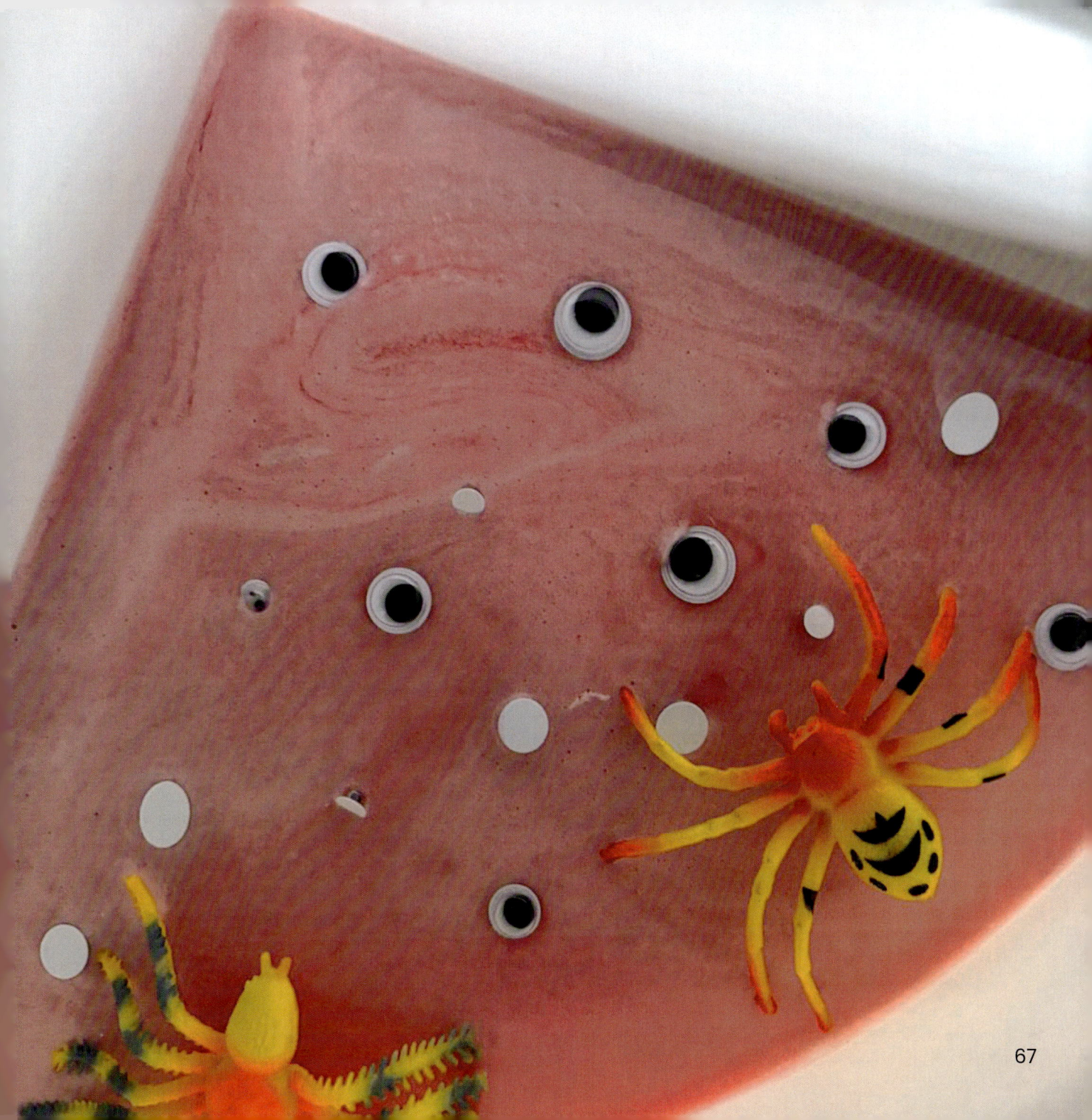

LA BASE

Materiales:

- ¼ de Chía

- ¼ de agua

- 2-3 harina de maíz

Descripción:

Deja a remojo la chía con el agua, para después mezclar con la harina de maíz, también puedes ponerle un toque de colorante.

Les encantará el tacto y el pringue para poder jugar y mezclar.

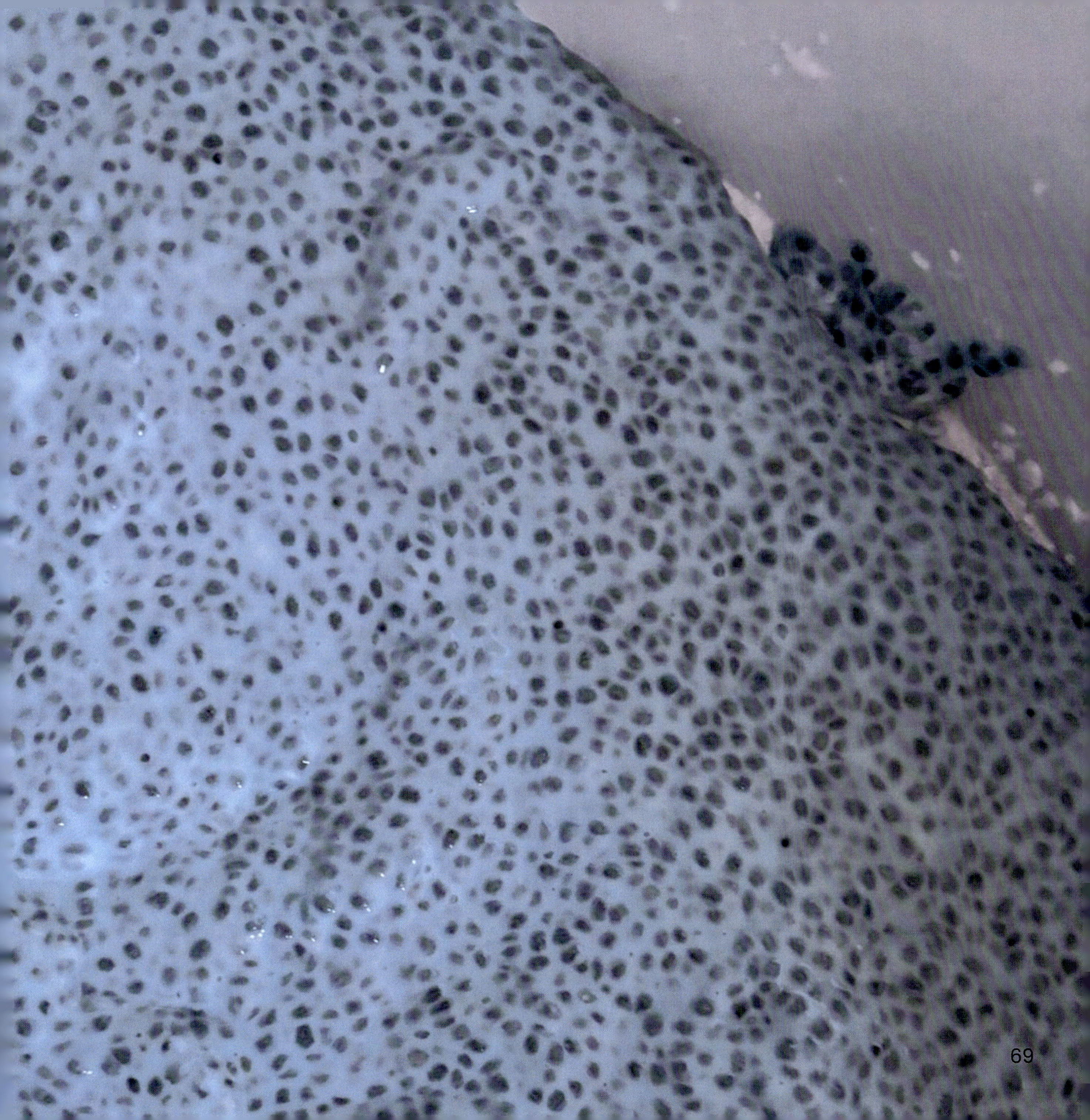

NiEvE

Materiales:

- Espuma de afeitar
- Bicarbonato

📝 Descripción:

Mezclamos bicarbonato con espuma de afeitar para realizar nieve y jugamos con las manos, vasos de plástico, cucharas, cuencos y otros elementos que tengamos en casa para favorecer la manipulación y el enriquecimiento de adquirir una nueva sensación.

DESCUBRIMIENTO

El descubrimiento es el acto de encontrar o darse cuenta de algo que antes no se conocía, es un momento de aprendizaje y asombro que puede abrir nuevas posibilidades y expandir nuestro conocimiento. Por ello, vamos a trabajar a continuación en actividades que lo desarrollen.

El desarrollo de la curiosidad es fundamental por varias razones. En primer lugar, la curiosidad impulsa el aprendizaje y la exploración. Cuando somos curiosos, estamos más dispuestos a hacer preguntas, investigar y buscar nuevas experiencias, lo que enriquece nuestro conocimiento y comprensión del mundo.

Además, la curiosidad fomenta la creatividad. Al cuestionar lo que nos rodea y pensar de manera diferente, podemos encontrar soluciones innovadoras a problemas y generar ideas originales. Esto es especialmente valioso en entornos laborales y académicos.

También, la curiosidad puede mejorar nuestras relaciones interpersonales. Al mostrar interés genuino en los demás y en sus perspectivas, podemos construir conexiones más profundas y significativas.

Por último, cultivar la curiosidad puede contribuir a nuestro bienestar emocional. Mantener una mente curiosa nos ayuda a mantenernos abiertos a nuevas experiencias y a adaptarnos mejor a los cambios, lo que puede reducir el estrés y aumentar nuestra satisfacción en la vida.

En resumen, desarrollar la curiosidad no solo enriquece nuestro aprendizaje, sino que también potencia nuestra creatividad, mejora nuestras relaciones y contribuye a nuestro bienestar general. ¡Es un aspecto maravilloso de la vida!, en el que podemos acompañar a nuestro pequeño con las siguientes actividades:

NUESTRO HUERTO

Materiales:

- Limpiapipas naranjas y verdes
- Huevera
- Pinzas

Descripción:

Trabajar la pinza sacando zanahorias de la huevera. Primero formamos las zanahorias con los limpiapipas y con unas pinzas las sacamos de la huevera.

BOTELLAS CON LUZ

Materiales:

- Bolas de gel
- Baritas fluorescentes
- Botellas

**Descripción:**

Ponemos a remojo las bolitas de gel transparentes y, a continuación, las metemos en una botella con las baritas fluorescentes.

Apaga la luz, y ¡deja volar su imaginación!

AURORABOREAL

Materiales:

- Espuma de afeitar
- Pipetas
- Colorante
- Mesa de luz

 **Descripción:**

En una bandeja ponemos espuma de afeitar y vamos añadiendo colorantes con pipetas.

Opcionalmente, puedes usar la mesa de luz para disfrutar de la mezcla de colores o puedes cambiar la espuma de afeitar por nata.¡Se lo pasará en grande!

GELATINA

Materiales:

- Conchas
- Piedras
- Gelatina
- Pinzas

✏️ Descripción:

Realizamos la mezcla de la gelatina y, a continuación, ponemos en una bandeja la gelatina para que enfríe, pero dentro dejamos caer piedras y conchas que hemos cogido previamente de la playa, lo metemos en la nevera para dejar enfriar durante 8 horas y, una vez sólida, jugamos a rescatar con pinzas las piedras y las conchas.

NOS LAVAMOS LOS DIENTES

Materiales:

- Cartón y cubitera
- Rotulador permanente y uno normal rojo.
- Cepillo de dientes
- Precinto transparente

Descripción:

En un cartón, dibujamos con permanente negro un labio y con un rotulador rojo lo pintamos por dentro. Después, lo tapamos con precinto para poder pegar encima la cubitera boca abajo, simulando los dientes, y dibujamos en ella rayas negras como si los dientes estuvieran sucios. El peque, con un cepillo de dientes húmedo, jugará a quitar el permanente.

Con esta actividad favorecerás que tenga ganas de lavarse los dientes y podrás enseñarle a realizas los pasos correctamente.

BANDEJA OCULTA

Materiales:

- Dibujos pequeños en un folio

- Base sensorial (lentejas, arroz, alubias, sal, harina, lo que tengas en casa)

- Pincel

- Bandeja

 **Descripción:**

Poner el dibujo en la bandeja y cubrir con la base sensorial por completo para después ir descubriendo con el pincel lo que hay debajo.

ALGODONES MOJADOS EN LECHE

Materiales:

- Rotuladores
- Discos desmaquillantes
- Leche

 **Descripción:**

Pintamos con rotuladores en discos desmaquillantes y los introducimos en la leche, dejando llevar la imaginación.

Favorece la relajación y el goce de los niños y niñas, por medio de la estimulación visual que se genera a través de los colores.

LA MANIPULACIÓN

La manipulación se refiere a la acción de las habilidades de movimiento y de coordinación e incluye movimientos que implican: atrapar, realizar trasvases, etc. Se consideran habilidades fundamentales de coordinación.

El desarrollo del interés es fundamental en muchos aspectos de la vida. En el ámbito educativo, por ejemplo, cultivar el interés en un tema puede motivar a los estudiantes a aprender más y a profundizar en sus conocimientos. Cuando las personas están interesadas en algo, tienden a ser más curiosas, a investigar y a disfrutar del proceso de aprendizaje.

Además, en el contexto profesional, tener interés en un área específica puede llevar a una mayor satisfacción laboral y a un mejor desempeño. Las personas que se sienten apasionadas por su trabajo suelen ser más creativas y proactivas, lo que puede abrirles puertas a nuevas oportunidades.

En la vida personal, desarrollar intereses también es clave para el bienestar emocional. Tener pasatiempos y actividades que nos apasionen puede ayudar a reducir el estrés y a mejorar nuestra calidad de vida.

En resumen, el desarrollo del interés no solo enriquece nuestro conocimiento y habilidades, sino que también contribuye a nuestra felicidad y realización personal. ¡Es un aspecto muy valioso en todos los sentidos!

Pues lo que no se ve, no existe.

Este tipo de actividades, como el juego manipulativo es cuando un niño usa sus manos para manipular juguetes y objetos para aprender a usarlos, además del desarrollo del interés. Esto incluye juegos de construcción, manualidades y uso de herramientas (por ejemplo, tijeras) y ayuda a desarrollar la coordinación ojo-mano. Por lo tanto, al mejorar estas habilidades, también podemos fortalecer otros grupos musculares y mejorar la coordinación general.

El aprendizaje manipulativo posibilita el trabajo individual, adaptándose en cada caso a las necesidades del alumno y permitiendo el debate e intercambio de ideas durante el trabajo en equipo. Esto permite que los niños trabajen las habilidades y capacidades necesarias para la resolución de problemas en el futuro.

ÁRBOL DIY

Materiales:

- Cartón
- Colorante
- Arroz
- Rollo de papel higiénico

✎ Descripción:

Tintamos el arroz con los colorantes, dejamos secar, mientras en un cartón, pegamos trozos de los rollos de papel higiénico, posteriormente jugaran a realizar trasvases con el arroz.

HUEVOS CONGELADOS

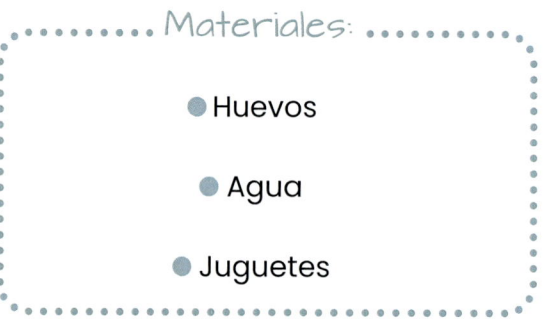

Materiales:

- Huevos

- Agua

- Juguetes

Descripción:

Cuando realices una tortilla de patatas, guárdate los huevos, puede ser muy divertido a rellenarlos de agua, ponerles un juguete dentro y al congelador...

Tu peque se lo pasará bomba intentando rescatar a los animalitos del agua congelada.

BOLSAS SENSORIALES

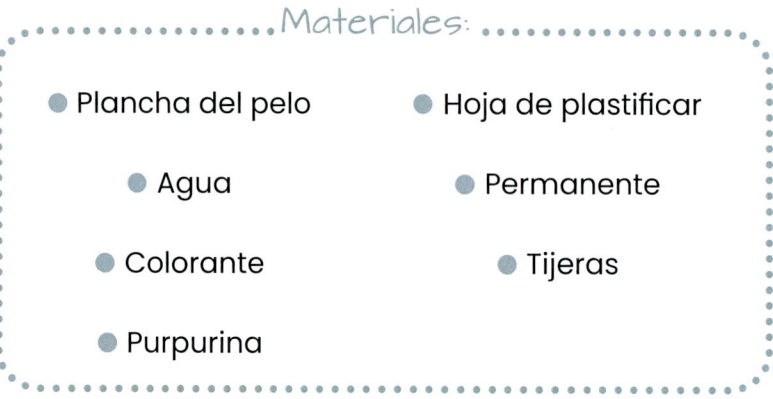

Materiales:

- Plancha del pelo
- Agua
- Colorante
- Purpurina

- Hoja de plastificar
- Permanente
- Tijeras

Descripción:

Con un permanente, realizas el dibujo que desees en las hojas de plastificar, posteriormente, recortas la forma del dibujo dejando un pequeño espacio con las tijeras, para poder planchar los bordes, dejando un hueco por donde meter el agua con el colorante y la purpurina, después terminas de planchar para poder cerrarlo.

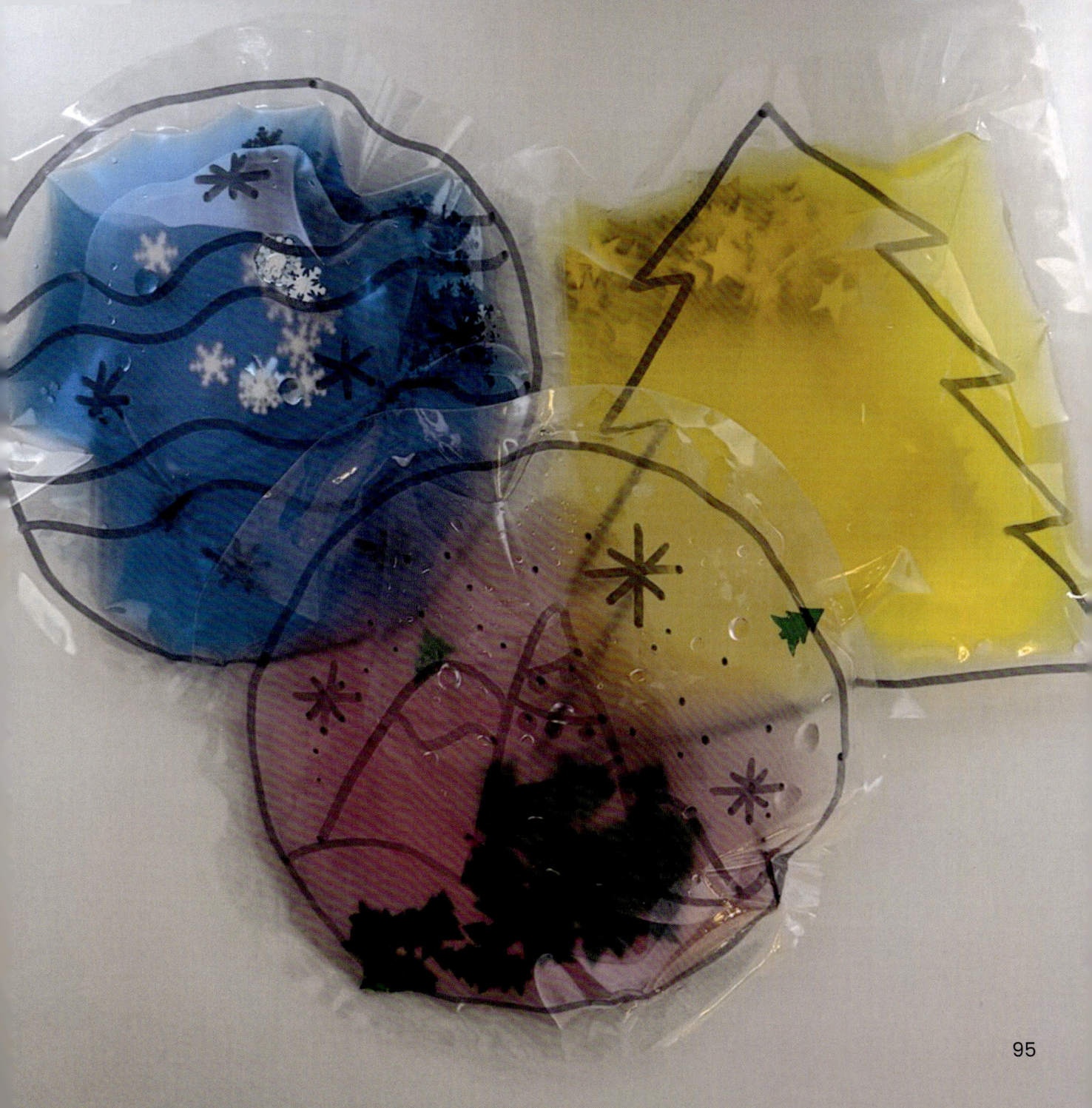

PELUQUEROS

Materiales:

- Papel de colores o folios
- Tijeras
- Rollos de papel higiénico

 **Descripción:**

Simulamos caritas pintando en los rollos de papel higiénico, posteriormente pegamos el folio arriba simulando el pelo, y le damos las tijeras al peque para que juegue a peluqueros, con ello podrá desarrollar la capacidad de coordinación.

PUZZLE DE OTOÑO

Materiales:

- Cartón
- Precinto
- Hojas de otoño

Descripción:

En un cartón ponemos las hojas de otoño y las sellamos con precinto para posteriormente recortarlas con las tijeras y listo.

CREAMOS PEGATINAS

Materiales:

- Cola blanca
- Detergente
- Pintura o colorante
- Funda transparente
- Dibujo

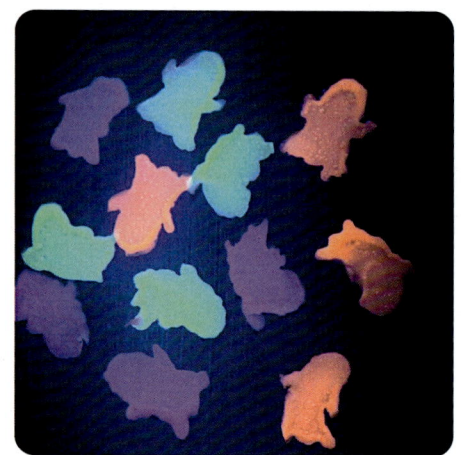

Descripción:

En un recipiente o varios, realizamos la mezcla de cola blanca, detergente y pintura. A continuación, en una funda transparente metemos el dibujo y con un pincel realizamos la forma que deseamos, dejamos secar y, al retirar, puedes pegarlas en ventanas como decoración.

EL ESPACIO

Materiales:

- Judías negras
- Estrellas fluorescentes
- Planetas hechos con ceras y plancha.

Descripción:

Primero realizamos los planetas sacando punta a ceras de colores, después lo ponemos en medio folio y planchamos para que se queden pegados, con un trapo en medio, para posteriormente recortar con la forma del planeta.

A continuación, en una bandeja ponemos las judías negras, las estrellas fluorescentes, los planetas y un muñeco del espacio. ¡El peque pasará horas jugando!

CRECER ES vIVIR

El crecimiento personal es un término que puede interpretarse de muchas maneras. Para algunos, puede significar tener más éxito profesional. Para otros, puede significar desarrollar hábitos más saludables o mejorar las relaciones. Existen ciertas herramientas y técnicas que pueden ayudarte a conseguirlo.

Para mí ha sido un crecimiento personal en esta ocasión, pero no lo hubiera conseguido sin todos los que han creído en mí, porque era algo que no me atrevía a realizar por el qué dirán, pues en este mundo, hay mucha gente a la que no le gusta ver crecer tus sueños, pero gracias a todas las personas que han creído en mí, he seguido adelante.

Sobre todo, a mi pilar, mi marido, pues sin él no habría escrito nada, puesto que me daba miedo, pero él fue el primero que me dijo: «Adelante, cariño, yo estoy aquí, y confío en ti, ¡eres capaz de realizarlo!»

A mi amiga, pues ella fue la primera que me dijo: «Yo lo compraría», y eso aún más me ayudó a decir que sí.

Aunque, sobre todo, a mi pequeño, pues sin él nada de esto hubiera empezado. Cuando llegó al mundo, me sentí muy sola con él; su padre tuvo que volver a trabajar y, de repente, me quedé con un bebé de 4 meses, sola, y no sabía por dónde empezar... Pero gracias a su valentía, me demostró que confiaba en su mamá, y, hoy por hoy, veo los frutos que hemos ido regando cada día, cuando me dice «gracias» o «por favor», por ejemplo, cuando tiene ganas de jugar con mamá, cuando me pide que le prepare actividades, cuando quiere colaborar en las tareas de casa, cuando en el cole realiza actividades que conoce de casa, cuando ha desarrollado la pinza, la concentración, y la coordinación, cuando escucho su imaginación en los juegos... Veo que todo lo que os muestro aquí, es lo que hemos ido trabajando con él estos tres años y que ha dado sus frutos.

Por todo ello, y sobre todo porque me eligió como mamá, le estoy eternamente agradecida! Espero que siempre me siga eligiendo como mamá, y seguir embarcándonos en nuevos proyectos juntos, porque yo siempre le seguiré eligiendo como mi "bichito".

Pues la maternidad es un camino por descubrir, manipular y pringarse, donde estar acompañado siempre es mejor, ¿no crees?

Con esto pretendo poder acompañarte un poquito y espero que te ayude tanto como me ha ayudado a mí. Os dejo el QR de mi cuenta Instagram, donde espero vuestras dudas y reseñas, pues gracias a las redes he tenido una guía en esta aventura de ser madre y yo quiero acompañarte a ti también en el camino.

@MAES_CRIBE